بِسْمِ اللهِ الرَّحْمٰنِ الرَّحِيْمِ

I Allahs navn, Den Mest Nådige, Den Mest Barmhjertige

Denne bog er en særlig gave
til et særligt barn fra Allah ﷻ.

Må den bringe dig tættere på Hans kærlighed, barmhjertighed og lys

At Lære Allah, Vores Skaber, at Kende

En Børnebog der Introducerer Allah

The Sincere Seeker Collection

Allah ﷻ er Én og Den Eneste.
Han er vores kærlige Skaber, som har skabt dig,
mig og alt, hvad vi ser.

Hver dag tager Allah ﷻ sig af os—
Han giver os lækker mad og hyggelige senge,
og Han holder os trygge.

Allah ﷻ er over alt og ser altid kærligt ned på os
med kærlighed

Allah ﷻ skabte kæmpestore planeter
og bittesmå også. Han skabte
Jorden som vores smukke hjem.

Om natten funkler stjernerne
og lyser himlen op.

Allah ﷻ skabte universet,
så vi kan se på det med undren.

Allah ﷻ skabte fuldmånen til at lyse om natten.
Han skaber bløde skyer,
der stille svæver over os.

Han sender regn for at hjælpe
planter med at vokse og for at rense jorden.

Han sender vinde i alle
retninger og solens varme,
så alting kan blomstre.

Allah ﷻ skabte koldt og varmt vand.
Han skabte floder, der løber,
store have med bølger,
og de dybe have,
hvor fantastiske skabninger gemmer sig.

Han får bølgerne til at stige og falde—
nogle gange blidt, nogle gange kraftigt.

Allah ﷻ skabte høje bjerge,
der rækker mod himlen.

Han skabte små sneklædte bakker,
der glitrer i solen.

Hvert bjerg viser Hans styrke og skønhed.

Allah ﷻ skabte banan-
og appelsintræer med lækre frugter.

Han fyldte verden med farverige
blomster og søde dufte.

Nogle blomstrer i haver; andre
vokser vildt på marker.

Hver eneste er en særlig gave
fra Allah ﷻ for at bringe os glæde.

Allah ﷻ gav os familier til at elske
og tage os af hinanden.

Forældre beskytter os,
og kærlige søskende leger og deler.

Familier er en særlig gave.

اللّٰه

Allah ﷻ skabte store dyr.
Som elefanter med lange snabler.
Og bjørne med blød, lodden pels.

Han skabte grønne alligatorer
med skarpe tænder.

Og kæmpestore hvaler,
der svømmer dybt i havet.

Allah ﷻ skabte også små dyr.
Som den lille mariehøne.
Og den summende humlebi.

Han skabte myrer,
græshopper og sommerfugle,
der flakser i vinden,
og guldsmede,
der suser gennem luften.

Hver eneste viser Allah ﷻs
vidunderlige kreativitet!

Allah ﷻ giver os sund mad og drikke for at
hjælpe os med at vokse os stærke.

Vi har frisk brød, søde druer,
saftige æbler og gylden honning.

Og gul ost, cremet mælk og saftig kylling også!
Hver bid og hver slurk er en
velsignelse fra Allah ﷻ.

Tak, Allah ﷻ, for al den lækre mad, Du giver os!

Allah ﷻ gav os livet og mange
andre velsignelser også!
Et hyggeligt hjem og en bil til
at tage os på sjove ture.

To hænder til at bygge,
to øjne til at se og to ører til at høre.

Og hjerter, der banker af kærlighed.

Tak, Allah ﷻ, for alle disse vidunderlige gaver!

Allah ﷻ ser og hører alt,
selv vores stille tanker.
Han ved, hvad der er i vores
hjerter og alt det, vi føler indeni.

Han lægger mærke til vores
glade tanker og venlige handlinger.

Allah ﷻ er altid over os med
omsorg og kærlighed.

Allah ﷻ elsker os mere, end vi kan forestille os!
Hans kærlighed er dybere end havet,
klarere end solen.

Han tager sig af os, når vi griner eller græder,
når vi leger eller beder.

Lad os vise vores kærlighed ved
at huske Allah ﷻ,
bede til Ham og gøre godt!

Alt godt kommer fra Allah ﷻ.
Han er Himlens og Jordens Lys.

Allah ﷻ vejleder os med Sit lys og
hjælper vores hjerter med at vælge det rette.

Når vi gør godt, skinner
vores hjerter også klart.

Vi beder til Allah ﷻ, fordi Han skabte os og
elsker os meget højt.
Vi elsker Ham også.

Når vi beder om hjælp, hører Allah ﷻ
os og svarer på den bedste måde.
Vi kan tale med Allah ﷻ når som helst
—i glade tider og i svære tider.

Allah ﷻ er altid nær og lytter.

Allah ﷻ lover Paradis til dem,
der tror på Ham og gør godt—
et sted med glæde,
hvor ønsker går i opfyldelse.

Floder af sød honning og mælk vil flyde.
Haver vil blomstre med blomster,
der aldrig visner.

Der vil være lækre frugter,
smukke klæder og evig lykke.
Lad os elske Allah ﷻ,
gøre godt og gøre vores bedste—
så vi en dag kan være sammen
med Ham i Paradis!

Slut

Må denne rejse bringe dig tættere på
Allahs ﷻ uendelige kærlighed og visdom.